AF343285

# ORDONNANCE DU ROY,

Pour employer à la garde du Roussillon,
deux mille neuf cens soixante hommes
des Milices ordinaires du pays.

*Du 10. Novembre 1733.*

## A PARIS,
## DE L'IMPRIMERIE ROYALE.

M. DCCXXXV.

*Du 10. Novembre 1733.*

# ORDONNANCE DU ROY,

*Pour employer à la garde du Roussillon, deux mille neuf cens soixante hommes des Milices ordinaires du pays.*

Du 10. Novembre 1733.

## DE PAR LE ROY.

SA MAJESTE connoissant le zele & la fidelité des habitans de sa province de Roussillon, Conflent & Cerdagne, & particulierement de sa très-fidelle ville de Perpignan, & des autres villes & lieux de la province, par les preuves éclatantes qu'ils en ont donné en toute occasion ; a resolu d'en retirer la plus grande partie des troupes qui y sont en garnison, pour en confier la garde ausdits habitans ; & en consequence, Sa Majesté a ordonné & ordonne ce qui suit.

### ARTICLE PREMIER.

LA province du Roussillon, Conflent & Cerdagne fournira incessamment un corps de Milices ou soûmettans, de deux mille neuf cens soixante hommes, qui seront nommez, conformement à l'estat joint à la presente, pour servir à la garde des places de ladite province, jusqu'à ce que Sa Majesté donne ses ordres pour les faire relever par ses autres troupes.

### II.

LA ville de Perpignan mettra sur pied un Regiment, dont on formera deux bataillons, qui auront chacun dix compagnies ; & chaque compagnie sera composée de

A ij

cinquante hommes, les officiers non compris, dont deux fergens, trois caporaux, trois anfpeffades & un tambour: Les hommes ne pourront eftre pris que dans les corps d'arts & meftiers de ladite ville.

### I I I.

LE premier conful fera colonel dudit regiment; les capitaines feront pris dans le corps de la nobleffe, & des bourgeois nobles, alternativement, & les lieutenans dans celui des mercaders & des notaires; lefquels officiers feront nommez par les confuls, fuivant l'ufage, fous l'approbation néantmoins du lieutenant de Roy de ladite ville, ou de l'officier qui y commandera en fon abfence.

### I V.

LES dix-neuf cens foixante hommes reftant, formeront quarante-neuf compagnies de quarante hommes chacune, les officiers non compris, dont deux fergens, trois caporaux, trois anfpeffades & un tambour; & feront diftribuez dans les places de la citadelle de Perpignan, de Collioure, Bellegarde, Fort des Bains, Prats-de-Molliou & Fort de la Garde, Ville-franche & chafteau, & des ville & citadelle de Mont-Loüis; obfervant que la garnifon du Prats-de-Molliou fournira quinze hommes & un fergent, pour la garde du Fort de Saint Laurens de Cerdans; le tout conformement à l'eftat joint à la prefente Ordonnance, contenant le nombre de compagnies, le nom des capitaines qui les commanderont, & les lieux qui doivent fournir les hommes: A l'égard des lieutenans, ils feront nommez par le commandant de la province.

### V.

LES capitaines choifiront parmi les quarante hommes qui compoferont leurs compagnies, les fergens, caporaux & anfpeffades.

### V I.

LES tambours battront la marche de la province.

### V I I.

DANS chacune des places de la citadelle de Perpignan, de Collioure, de Bellegarde, Prats-de-Molliou, Ville-franche

5

franche & Mont-Loüis, le premier capitaine nommé dans ledit estat, aura le commandement des Milices de la garnison, sous les ordres de l'officier commandant de la place : Il y aura aussi un officier chargé du détail, en qualité d'ayde-major.

### V I I I.

LES Miliciens, après avoir servi un mois dans la garnison où ils auront esté envoyez, seront relevez par d'autres hommes de la mesme paroisse, par les soins des viguiers du Roussillon, Conflent & Cerdagne, chacun dans sa viguerie : Ne pourront néantmoins lesdits Miliciens s'en retourner chez eux sans permission, jusqu'à ce qu'ils ayent esté relevez par d'autres, à peine d'un mois de prison.

### I X.

LESDITES Milices seront logées dans les places où elles tiendront garnison, & le bois de chauffage leur sera fourni de mesme qu'aux troupes reglées, à l'exception du regiment de Perpignan, attendu que les officiers & fusiliers dont il sera composé, auront la faculté de loger dans leurs maisons, au moyen de quoy ils ne seront pas casernez.

### X.

LE Roy ayant bien voulu par distinction pour les habitans de cette province, ne pas les faire desarmer, Sa Majesté ordonne que ceux qui ont des fusils ou escopettes, les porteront avec eux pour faire leur service dans les places ; mais il sera distribué des fusils de ses magasins pour les Miliciens qui en manqueront, lesquels seront délivrez aux bayles & consuls, qui s'en chargeront pour les remettre dans lesdits magasins lorsque les Milices seront congediées.

### X I.

LES officiers & soldats seront payez du fonds de l'extraordinaire des guerres, du jour qu'ils partiront de chez eux pour se rendre à la garnison où ils auront à faire le service, à raison de cinquante sols par jour à chaque capitaine, de vingt sols à chaque lieutenant, de dix sols à chaque sergent, de sept sols à chaque caporal, de six sols à

B

chaque anspeſſade , de cinq ſols à chaque fuſilier , & de ſix ſols ſix deniers à chaque tambour.

## XII.

LES caporaux, anspeſſades, fuſiliers & tambours joüiront encore de ſix deniers par jour , deſtinez pour le linge & la chauſſure, qui leur feront payez avec la ſolde , pour l'entretien de leur habillement , attendu que Sa Majeſté n'en fera point fournir à cette Milice.

## XIII.

LE colonel du regiment de Perpignan joüira , outre ſa paye de capitaine , de quarante ſols par jour ; le lieutenant-colonel & le commandant du ſecond bataillon , de vingt ſols chacun , le major de cinquante ſols , & l'ayde-major de trente ſols : Les commandans de la Milice des garniſons de la citadelle de Perpignan , de Collioure , de Bellegarde, de Prats-de-Molliou , de Ville-franche, & du Mont-Loüis, joüiront auſſi de vingt ſols chacun, outre leurs appointemens de Capitaine ; & les aydes-majors chargez du détail , de trente ſols.

## XIV.

LES Commiſſaires des guerres feront la revûë deſdites Milices, au moins une fois chaque mois , & plus fouvent s'il eſt jugé neceſſaire ; & en remettront des extraits au Treſorier , pour ſervir au payement de la ſolde des Miliciens , & des appointemens des officiers. MANDE & ordonne Sa Majeſté au Gouverneur & ſon Lieutenant-general en Rouſſillon, aux Gouverneurs & ſes Lieutenans particuliers dans les places , à l'Intendant, aux Commiſſaires des guerres, aux Viguiers de ladite province du Rouſſillon, Conflent & Cerdagne , & à tous autres ſes officiers qu'il appartiendra, de tenir, chacun à ſon égard, la main à l'execution de la preſente Ordonnance, qui ſera lûë , publiée & affichée par tout où befoin fera , à ce que perſonne n'en ignore. FAIT à Fontainebleau le dixieme Novembre mil ſept cens trente-trois. *Signé* LOUIS. *Et plus bas,* BAÜYN.

*ESTAT*

*Du 10. Novembre 1733.*

7

❖❖❖❖❖❖❖❖❖❖❖❖❖❖❖❖❖❖❖❖❖❖❖❖❖❖❖❖❖❖❖❖❖❖❖❖❖❖❖❖❖❖❖❖❖

**E**STAT *de la repartition de deux mille neuf cens soixante hommes de milice bourgeoise, que le Roy veut estre levez dans la province de Roussillon, Conflent & Cerdagne, pour la garde des Places de ladite province, conformement à son Ordonnance de cejourd'huy 1 0. Novembre 1733.*

| NOMS DES CAPITAINES. | NOMS des PAROISSES ET COMMUNAUTEZ qui fourniront les hommes. | NOMBRE D'HOMMES. |
|---|---|---|

### VILLE DE PERPIGNAN.

DEUX BATAILLONS
de cinq cens hommes chacun.

### PREMIER BATAILLON.

| | | |
|---|---|---|
| Le premier Consul. | Hommes de place. <br> Marchands. <br> Droguistes. <br> Orfevres. <br> Peintres. <br> Perruquiers. | 50. |
| Dom JOSEPH DE TORD. | Hommes de place. <br> Marchands. <br> Droguistes. <br> Orfevres. <br> Peintres. <br> Perruquiers. <br> Garnisseurs. <br> Pelletiers. <br> Boutonniers. | 50. |

100.

| NOMS<br>DES<br>CAPITAINES. | NOMS<br>des<br>PAROISSES ET COMMUNAUTEZ<br>qui fourniront les hommes. | NOMBRE<br>D'HOMMES. |
|---|---|---|
| | *De l'autre part.* | 100. |
| De PERARNAU. | Tailleurs.<br>Merciers.<br>Menuisiers.<br>Meûniers.<br>Serruriers. | 50. |
| De JORDY. | Serruriers.<br>Cordonniers. | 50. |
| De SARDA. | Cordonniers. | 50. |
| BARESCUT *l'aîné.* | Cordonniers.<br>Corroyeurs.<br>Tanneurs. | 50. |
| De TERRENA. | Tanneurs.<br>Briquetiers.<br>Negociants.<br>Mangonniers.<br>Potiers de terre.<br>Cordiers. | 50. |
| HIEROSME CAVALLER. | Cordiers.<br>Tisserands de lin.<br>Maçons.<br>Basliers.<br>Poissonniers. | 50. |
| PALMEROLE. | Poissonniers.<br>Boulangers.<br>Cabaretiers. | 50. |
| SELVE & CABESTANY. | Cabaretiers.<br>Rotisseurs.<br>Jardiniers de Saint Jacques. | 50. |
| | *TOTAL du premier Bataillon.* | 500. |

*SECOND*

*Du 10. Novembre 1733.*

9

| NOMS DES CAPITAINES. | NOMS des PAROISSES ET COMMUNAUTEZ qui fourniront les hommes. | NOMBRE D'HOMMES. |
|---|---|---|

### SECOND BATAILLON.

| NOMS DES CAPITAINES. | NOMS des PAROISSES ET COMMUNAUTEZ | NOMBRE D'HOMMES. |
|---|---|---|
| ROUIRE-MAURAN. | Pareurs. / Tisserands de Laine. / Tailleurs. | 50. |
| DE SAGARRIGA. | Jardiniers de Saint Jacques. | 50. |
| CARLES & OLIVER. | *Idem.* | 50. |
| CAMPRODON. | Jardiniers de la Real. / Jardiniers de Saint Mathieu. | 50. |
| JOUBERT. | Jardiniers de Saint Mathieu. | 50. |
| DE BOU. | Fils de Marchands. / De Droguistes. / De Tailleurs. / De Pareurs. / D'Armuriers. / De Serruriers. / De Cordonniers. / De Tanneurs. / De Merciers. / De Mangonniers. / De Potiers de terre. / De Cordiers. | 50. |
| LASSUS. | Fils de Maçons. / De Bastiers. / De Poissonniers. / De Boulangers. / De Jardiniers de Saint Mathieu. / De Rotisseurs. / De Briquetiers. / De Roquers. | 50. |

350.

C

| NOMS DES CAPITAINES. | NOMS des PAROISSES ET COMMUNAUTEZ qui fourniront les hommes. | NOMBRE D'HOMMES. |
|---|---|---|
| | *De l'autre part.* . . . . . . . . . . . | 350. |
| RIUBANYS. . . . . . . . . . | Roquers. . . . . . . . . . | 50. |
| BARESCUT *cadet.* . . . . . . | Roquers & leurs fils. . . . . | 50. |
| De PAGES & COPONS. . . . | Fils de Jardiniers de Saint Jacques & de Saint Mathieu. . . . . . . | 50. |
| | *TOTAL du second Bataillon.* . . . . . | 500. |

## ESTAT MAJOR.

Le Premier Consul, Colonel.

M. De TORD, Lieutenant-Colonel.

M. BOURGUERE, Major.

M. ROUIRE-MAURAN, Commandant du Second Bataillon.

Le Sieur TERSOLS, Ayde-Major.

## CITADELLE
### DE PERPIGNAN.

| | | | |
|---|---|---|---|
| Le Sieur D'ALBERT. . . . . . . | Ille . . . . . . . . . . . . | | 40. |
| Les Sieurs SABATER & PELISSER. . . . . . . . | Ille. . . . . . . . . . . . Le Soler. . . . . . . . | 25 15 | 40. |
| | | | 80 |

*Du 10. Novembre 1733.*

| NOMS DES CAPITAINES. | NOMS des PAROISSES ET COMMUNAUTEZ qui fourniront les hommes. | | NOMBRE D'HOMMES. |
|---|---|---|---|
| | *De l'autre part.* | | 80. |
| Le Sieur BOMBES. | Millas. | | 40. |
| Le Sieur PONTICH. | Boule-Ternera. | 24 | 40. |
| | Neffiac. | 16 | |
| Le Sieur BONACASA. | Corbere. | 25 | 40. |
| | Saint Michel de Llotas. | 4 | |
| | Serrabona. | 3 | |
| | Casafabre. | 3 | |
| | Villeneuve de la Riviere. | 5 | |
| Le Sieur ROIG. | Saint Felix d'Avall. | 20 | 40. |
| | Saint Felix d'Amont. | 10 | |
| | Corneilla de la Riviere. | 10 | |
| Le Sieur MURAT. | Corneilla de la Riviere. | 7 | 40. |
| | Pesilla. | 25 | |
| | Baho. | 8 | |
| Le Sieur LAFAYE. | Saint Esteve. | 5 | 40. |
| | Opoul. | 13 | |
| | Salces. | 2 | |
| | Tautavel. | 8 | |
| | Vingrau. | 8 | |
| | Monné. | 2 | |
| | Calce. | 2 | |
| | TOTAL. | | 320. |

## ESTAT MAJOR.

Le Sieur d'ALBERT, Commandant.
Le Sieur DENYS, Ayde-Major.

| NOMS DES CAPITAINES. | NOMS des PAROISSES ET COMMUNAUTEZ qui fourniront les hommes. | NOMBRE D'HOMMES. |
|---|---|---|

## COLLIOURE.

| | | |
|---|---|---|
| Le Sieur PUIG. | Collioure. | 40. |
| Le Sieur CAMPS. | Collioure. 25 / Bagnols del Marende. 15 | 40. |
| Le Sieur VERNIS. | Argelez. 31 / Saint André. 8 / La Pava & Lavall. 1 | 40. |
| Le Sieur GUINASANAT. | Sureda. 16 / La Roque. 24 | 40. |
| Le Sieur BOSCH. | Saint Genis. 7 / Palau del Vidre. 12 / Villelongue del Mont. 11 / Montelquion. 10 | 40. |
| Le Sieur DENIS. | Elne. 32 / La Tour d'Elne. 2 / Saint Ciprien. 4 / Montescot. 2 | 40. |
| Le Sieur BARRERA. | Bages. 8 / Bagnols dels Aspres. 8 / Saint Jean la Selle. 2 / Brouilla. 1 / Ortaffa. 3 / Anils. 1 / Canohes. 3 / Policstres. 4 / Toulouges. 10 | 40. |

280.

Le Sieur

*Du 10.e Novembre 1733.*

13

| NOMS DES CAPITAINES. | NOMS des PAROISSES ET COMMUNAUTEZ qui fourniront les hommes. | NOMERE D'HOMMES. |
| --- | --- | --- |
| | *De l'autre part.* . . . . . . . . . 280. | |
| Le Sieur DONAS. . . . . . | Alanya. . . . . . . . . . . 6 <br> Canet. . . . . . . . . . . 13 <br> Saint Nazaire. . . . . . . . . 2 <br> Salelles. . . . . . . . . . . 1 <br> Castel-Roussillon. . . . . . . 1 <br> Cabestany. . . . . . . . . . 1 <br> Theza. . . . . . . . . . . 2 <br> Villeneuve de la Raho. . . . . 2 <br> Corneilla del Bercol. . . . . . 2 <br> Sainte Marie. . . . . . . . . 2 <br> Villelongue de la Salanque. . . 8 | 40. |
| Le Sieur TRIQUERE. . . . | Estagel. . . . . . . . . . . 26 <br> Las Casas de Pena. . . . . . . 2 <br> Espira de Lagly. . . . . . . 9 <br> Peyrestortes. . . . . . . . . 3 | 40. |
| Le Sieur VAQUER. . . . . | Rivesaltes. . . . . . . . . . | 40. |
| Le Sieur CONNAS. . . . . | Baixas. . . . . . . . . . . 26 <br> Pia. . . . . . . . . . . . 14 | 40. |
| Le Sieur GUITTER. . . . . | Pia. . . . . . . . . . . . 6 <br> Bompas. . . . . . . . . . . 9 <br> Tourreilles. . . . . . . . . 17 <br> Saint Hypolite & Garrieux. . . 8 | 40. |
| Le Sieur RIU. . . . . . . | Saint Laurens de la Salanque. . 26 <br> Claira. . . . . . . . . . . 14 | 40. |
| | *TOTAL* . . . . . . . . . . . . . | 520. |

### ESTAT MAJOR.

Le Sieur PUIG, Commandant.
Le Sieur ARNAUD, Ayde-Major.

| NOMS DES CAPITAINES. | NOMS des PAROISSES ET COMMUNAUTEZ qui fourniront les hommes. | NOMBRE D'HOMMES. |
| --- | --- | --- |
| | *BELLEGARDE.* | |
| Le Sieur Joseph COMES | Ceret | 40. |
| Le Sieur Michel COMAS | Ceret . . . 38 | 40. |
| | Palol . . . 2 | |
| Le Sieur BACH | Maureillas . . . 15 | 40. |
| | L'Ecluse . . . 4 | |
| | Albere . . . 4 | |
| | Riunogues . . . 2 | |
| | Las Illas . . . 1 | |
| | La Selve . . . 1 | |
| | Saint Martin de Fenoüilla . . . 1 | |
| | Le Boulou . . . 12 | |
| Le Sieur RODO | Saint Jean de Pages . . . 12 | 40. |
| | Le Boulou . . . 6 | |
| | Passa & le Monestir . . . 5 | |
| | Fourques . . . 8 | |
| | Torderas . . . 2 | |
| | Llauro . . . 3 | |
| | Vivès . . . 2 | |
| | Villemolaque . . . 2 | |
| Le Sieur VINCENT *fils* | Touyr . . . 35 | 40. |
| | Ponteilla . . . 5 | |
| Le Sieur MASSOTA | Tresserre . . . 5 | 40. |
| | Lloupia . . . 5 | |
| | Castelnau . . . 8 | |
| | Camelas . . . 9 | |
| | Caixas & Baronie . . . 6 | |
| | Terrats & Sainte Colome . . . 7 | |
| Le Sieur CANTVERN | Oms & Montauriol . . . 20 | 40. |
| | Calmella . . . 7 | |
| | Taillet . . . 9 | |
| | Prunet . . . 4 | |
| Le Sieur COSTA | Taulis . . . 4 | 40. |
| | Belpuch . . . 3 | |
| | Saint Marsal . . . 13 | |
| | La Bastide . . . 12 | |
| | Boule d'Amont . . . 8 | |

*TOTAL* . . . 320.

*Du 10. Novembre 1733.*
15

| NOMS DES CAPITAINES. | NOMS des PAROISSES ET COMMUNAUTEZ qui fourniront les hommes. | NOMBRE D'HOMMES. |
| --- | --- | --- |

## ESTAT MAJOR.

Le Sieur COMES, Commandant.
Le Sieur Hyacinthe COMPANYO, Ayde-Major.

## FORT-DES-BAINS.

| | | |
| --- | --- | --- |
| Le Sieur BONABOSCH. | Arles. | 40. |
| Le Sieur CAMO. | Reynez. 10 / Pasauda. 15 / Montbolo. 5 / Les Bains. 6 / Montalba & Fontanils. 4 | 40. |
| | TOTAL. | 80. |

## PRATS-DE-MOUILLOU.

| | | |
| --- | --- | --- |
| Le Sieur COSTA. | Prats-de-Moüillou. | 40. |
| Le Sieur MARTIN. | Prats-de-Moüillou. | 40. |
| Le Sieur PONCET. | Serralongue. 36 / Villaroja. 4 | 40. |
| Le Sieur BARNADA. | Saint Laurens & Villaro. | 40. |
| Le Sieur SUDRIAS. | Arles. 10 / Montferrer & Leca. 12 / Courfevy. 10 / Coftouja. 8 | 40. |
| | TOTAL. | 200. |

## ESTAT MAJOR.

Le Sieur COSTE, Commandant.
Le Sieur MALLET, Ayde-Major, qui sera aussi le
détail des deux Compagnies du Fort-des-Bains.

D ij

| NOMS DES CAPITAINES. | NOMS des PAROISSES ET COMMUNAUTEZ qui fourniront les hommes. | NOMBRE D'HOMMES. |
|---|---|---|

### VILLE-FRANCHE
#### ET CHASTEAU.

| | | |
|---|---|---|
| Le Sieur BORDES. | Ville-franche.<br>Prades.<br>Arbuſſols.<br>Marſevol.<br>Tararac. | 40. |
| Le Sieur BORDES DE VINÇA. | Vinça.<br>Belleſlavi.<br>Valmanya.<br>Maſos.<br>Taurinya. | 40. |
| Le Sieur MAURAN. | Joch & Baronie.<br>Eſpira.<br>Eſtuher.<br>Ria & Sirach.<br>Villerac. | 40. |
| Le Sieur ARMENGAU. | Moſlet.<br>Catllar.<br>Molitg & Campoma.<br>Codolet. | 40. |
| Le Sieur BARRERE. | Marquixanas.<br>Eux.<br>Fillols.<br>Clara.<br>Comes. | 40. |
| | TOTAL. | 200. |

### ESTAT MAJOR

Le Sieur BORDES, Commandant.
Le Sieur SAURA, Ayde-Major.

Le Sieur Françoi

| NOMS DES CAPITAINES. | NOMS des PAROISSES ET COMMUNAUTEZ qui fourniront les hommes. | NOMBRE D'HOMMES. |
|---|---|---|

## MONT-LOUIS.

| NOMS DES CAPITAINES. | NOMS des PAROISSES ET COMMUNAUTEZ qui fourniront les hommes. | NOMBRE D'HOMMES. |
|---|---|---|
| Le Sieur François SICART... | Carol. <br> Enveitg. <br> Angouftrine. | 40. |
| Le Sieur TRAVY. | Urs. <br> Villeneuve. <br> Dorres. <br> Targafona. <br> Eguet. <br> Odello. <br> Via. <br> Bolquere. <br> Montloüis. <br> Planes. | 40. |
| Le Sieur DE MIR. | Saillagoufe. <br> Err. <br> Nahuja. <br> Offeja. <br> Palau. <br> Eftavar. | 40. |
| Le Sieur ESTEVE. | La Cabanaffe. <br> La Perche. <br> Saint Pierre. <br> Eyne. <br> Llo & Roliet. <br> Hix. <br> Caldegas. <br> Sainte Leocadie. <br> Ro & Vedrinyans. <br> Angles. <br> Fontpedrofa. <br> Prats & Saint Thomas. <br> Tués & Tués dellar. | 40. |

160.

E

| NOMS DES CAPITAINES. | NOMS des PAROISSES ET COMMUNAUTEZ qui fourniront les hommes. | NOMBRE D'HOMMES. |
|---|---|---|
| | *De l'autre part.* . . . . . . . . . . . . . . | 160. |
| Le Sieur PUJOL . . . . . . . | Vernet & Castell. . . . . . . . . . .<br>Corneilla. . . . . . . . . . . . .<br>Conat & Vellans. . . . . . . . .<br>Nohedes. . . . . . . . . . . . .<br>Urbanya. . . . . . . . . . . . .<br>Sahorre. . . . . . . . . . . . .<br>Torrent. . . . . . . . . . . . .<br>Py. . . . . . . . . . . . . . .<br>Mantet. . . . . . . . . . . . . | 40. |
| Le Sieur PUJOL *cadet.* . . . | Orella. . . . . . . . . . . . . .<br>La Vall Delseu. . . . . . . . . .<br>Ayguetebia. . . . . . . . . . . .<br>Caudies. . . . . . . . . . . . .<br>Ralleu. . . . . . . . . . . . . .<br>Sansa. . . . . . . . . . . . . .<br>Canavellas. . . . . . . . . . . .<br>Suanyas & Marians. . . . . . . .<br>Nier. . . . . . . . . . . . . .<br>Cortals. . . . . . . . . . . . .<br>La Llangona. . . . . . . . . . .<br>Santo & Fetges. . . . . . . . . | 40. |
| Le Sieur SERRANIA. . . . | Fulla. . . . . . . . . . . . . .<br>Horts. . . . . . . . . . . . . .<br>Serdinya. . . . . . . . . . . . .<br>Aytua. . . . . . . . . . . . . .<br>Escaro. . . . . . . . . . . . . .<br>Jujols. . . . . . . . . . . . . .<br>Olete. . . . . . . . . . . . . .<br>Evol. . . . . . . . . . . . . .<br>En. . . . . . . . . . . . . . .<br>Llar. . . . . . . . . . . . . . | 40. |
| | | 280. |

| NOMS DES CAPITAINES | NOMS des PAROISSES ET COMMUNAUTEZ qui fourniront les hommes. | NOMBRE D'HOMMES. |
|---|---|---|

*De l'autre part* . . . . . . . . . . . 280.

Le Sieur TRILLES . . . . . {
Real & Odello . . . . . . . . . .
Puvyalador . . . . . . . . . . .
Fontrabiofa . . . . . . . . . .
Fourmiguieres . . . . . . . . .
Matemale . . . . . . . . . .
} 40.

TOTAL . . . . . . . . . . . . 320.

## ESTAT MAJOR.

Le Sieur SICART, Commandant.
Le Sieur RIEUX, Ayde-Major.

## RECAPITULATION.

GARNISONS.          NOMBRE D'HOMMES.

De la Ville de Perpignan . . . . . . . . . . . . . 1000.

De la Citadelle . . . . . . . . . . . . . . 320.

De Collioure . . . . . . . . . . . . . . . 520.

De Bellegarde . . . . . . . . . . . . . . . 320.

Du Fort-des-Bains . . . . . . . . . . . . . 80.

De Prats-de-Moüillou . . . . . . . . . . . 200.

De Ville-franche . . . . . . . . . . . . . 200.

Du Mont-Loüis . . . . . . . . . . . . . 320.

TOTAL . . . . . . . . . . . . . 2960.

FAIT à Fontainebleau le dixieme Novembre mil sept cens trente-trois. *Signé* LOUIS. *Et plus bas.* BAÜYN.